RITUALES PRÁCTICOS para la MAGIA CASERA

Mery Meyer

Rituales prácticos para la magia casera

GÓMEZ EDITOR
(**Colecciones BASTET**)

© Gómez Editor (colecciones Bastet), 2017
© Colección 'El baúl de los Secretos'
© Mery Meyer (María Gemma Esteban)

Edita: Gómez Editor (colecciones Bastet),
Ronda San Antonio 39, 3ª planta (*Edificio Moritz*)
08011 Barcelona-España
info@editorialbastet.com
ISBN: 9781521966181
Sello: Independently published
Diseño portada: Elisabet Gómez

Queda rigurosamente prohibida, sin la autorización escrita de los titulares del "Copyright" bajo las sanciones establecidas en las leyes,la reproducción total o parcial de esta obra,incluyendo los iconos, por cualquier medio o procedimiento, comprendidos la reprografía y el tratamiento informático.

PRÓLOGO

La historiadora **Evelyne Kane** dice en uno de sus trabajos que en la mayoría de antiguos templos sumerios (Mesopotamia) y que datan del cuarto milenio antes de Jesucristo, se han encontrado pequeños recipientes de barro e incluso de cerámica primitiva que tenían como función guardar los ungüentos y aceites que se consideraban mágicos y por lo tanto sagrados.

Milenios mas tarde y con la invención del cristal y el vidrio por parte de los laboriosos fenicios, la mayoría de culturas antiguas fabricaron espléndidos recipientes de cristal (en ocasiones combinados con oro y plata) para guardar aquellos preciados aceites que eran utilizados en todo tipo de rituales y ceremonias sacras.

Desde entonces podemos asegurar que en casi todas las culturas, tanto antiguas como modernas, los diferentes aceites han ocupado un lugar destacado dentro de los distintos ceremoniales, tanto religiosos como esotéricos, y que con diferentes nombres e ingredientes, han estado presentes en la mayoría de aras, altares y mesas rituales de sacerdotes, magos, sanadores, brujas y hechiceros. Lo mismo ha pasado, quizás aun desde tiempos más remotos, con las hierbas, a las que siempre se les ha atribuido propiedades mágicas o incluso, en algunos casos, curativas.

A modo de ejemplo, podemos asegurar que las mujeres y, en algunos casos los hombres, de diversos países de Europa, y también de algunos africanos, esperaban unas noches concretas del año para recoger la famosa raíz de mandrágora, de la que erróneamente se dice que tiene forma humana, cuando es sabido que esto es en casos excepcionales.

Con esta raíz, ya utilizada por las brujas desde el siglo XIII hasta bien entrado el XIX, se fabrican aceites, ungüentos e incluso la famosa mandrágora "*coupé*", utilizada para la fabricación de amuletos. Esta costumbre que aún hoy podemos observar en diversos lugares, de un ser humano arrancando una mandrágora, se repite sin interrupción desde como mínimo hace 2700 años, con los primeros ritualistas celtas, y posiblemente antes. Ha cambiado la indumentaria del oficiante, posiblemente incluso acuda a buscar la famosa raíz en un poderoso vehículo todo-terreno, pero la función de la mandrágora seguirá siendo la misma, por muchos siglos o milenios que hayan transcurrido.

Del mismo modo, aún en nuestros días no es extraño en absoluto saber que una mujer del mundo rural de la Europa occidental, mientras está dando a luz, tiene a su lado una rosa de Jericó, pues sabe, o al menos cree intuir, que aquella extraña planta que parece muerta y seca y con el contacto del agua revive, traerá NUEVA VIDA, en este caso un bebé, y lo protegerá de muchos de los males que puedan rodearle.

En las últimas décadas, y coincidiendo con una caída en picado de las ideas religiosas mas ortodoxas en Occidente, ha habido un auge del esoterismo, las prácticas ocultas y por encima de todo la "Magia Casera", esa palabra que el periodista y escritor español Miguel Aracil denominó hace años "Magia Casera Femenina", pues en la mayoría de casos las practicantes, o por lo menos las oficiantes, eran del sexo femenino.

Estos saberes y creencias que se pierden en la noche de los tiempos tienen en muchas ocasiones orígenes en el sincretismo religioso-cultural, o lo que es lo mismo, en el cruce de creencias que durante siglos se han venido mezclando de forma pacífica y enraizada en los diferentes pueblos.

Por esta razón he creído oportuno ponerme de nuevo ante el ordenador y escribir a mis lectores al igual que hice en otros libros de temas mágicos, para enseñarles los usos y virtudes de algunos rituales sencillos y prácticos.

Para realizar este trabajo hemos pasado años preguntando, investigado, entrevistando, y hemos podido ver que la gran cantidad de rituales que se vienen practicando tienen cuatro objetivos principales: dinero, trabajo, amor y salud.

Piense usted amigo o amiga lector que estos rituales que tiene usted a su disposición son sencillos. Son pequeños trabajos fáciles de realizar en nuestro domicilio que, además, nunca suponen ningún tipo de riesgo.

Para que funcionen, debe hacerse paso a paso exactamente lo que se indica, siguiendo fielmente las instrucciones y poniendo mucha fe, podrán ayudarle a solventar problemas que para muchos pueden parecer banales, pero que para quién los sufre, son de una gran importancia.

Hemos intentado que todos los rituales que aquí presentamos tengan un propósito positivo, muy lejos de aquel camino "siniestro" que, en más casos de los deseados, lo que buscan es, no ayudar al prójimo o al ritualista mismo, sino perjudicar al vecino, o incluso al rival.

Explicados ya nuestros objetivos, amigo lector, le invito a introducirse en el curioso mundo de los rituales cotidianos, y busque en ellos la manera de ayudarse a usted mismo y a los demás, y en muchos casos de protegerse de los mil peligros que nos rodean cada día.

Que la Paz Mental les acompañe.

La autora

ANTES DE EMPEZAR...

Antes de empezar a leer y usar este libro, es muy importante que se tengan en cuenta unas mínimas leyes y consejos sobre qué hacer y qué no hacer y qué evitar cuando vayamos a practicar un ritual.

1. Debemos ser muy positivos y creer en el ritual que estamos realizando, así como en nosotros mismos. Realizar esta tarea con la mente abierta.

2. Un ritual <u>no es un juego</u> ni una broma. Debe realizarse con respeto y cuidado. Evitaremos **siempre** que haya menores (aunque sean familia directa) delante; tampoco permitiremos que lo presencien personas que no creen en este tipo de ritos, ya que su pensamiento y su falta de fe en estas prácticas aporta negatividad y, perjudica nuestra labor

3. El fin no justifica los medios. Con esto queremos decir que, aunque nuestro objetivo sea conseguir cosas positivas, **NUNCA debemos herir** a terceros (ya sean personas o animales) para conseguir nuestro objetivo.

4. Leeremos muy atentamente todo el ritual **antes de empezar** y asegurarnos de que disponemos de TODO el material a la hora de iniciarlo. Aunque no es necesario aprenderse los pasos de memoria, sí que es muy recomendable leerse las suficientes veces las instrucciones como para no tener que estar, luego, pendientes del libro a la hora de hacerlo. Además de ser algo que nos dará mayor comodidad, nos hará sentir mucho más seguros a la hora de llevarlo a cabo.

5. Siempre estaremos muy pendientes de las velas y/o los otros productos que estén quemando durante el ritual. Todo sabemos cómo de peligroso es el fuego y los daños que puede provocar.

6. Cuando terminemos cualquiera de los rituales que se detallan en este libro (a excepción de los que indiquen lo contrario), es aconsejable tirar todos sus restos en un papel de plata y, de allí, a la basura (o al lugar donde se indique en las instrucciones). En ningún caso vamos a tirar los restos directamente, sin envolver.

RITUAL para la salud y la abundancia

Objetivo: conseguir salud y abundancia para nuestros seres queridos.

Qué necesitamos:

- 2 velas de cera virgen de abeja (una color miel y otra color oscuro)
- aceite abundancia
- pergaminos (tantos como personas haya) vegetales
- aceite salud
- carboncillos instantáneos
- cerillas de madera
- hierbas de San Salvador
- una pluma de oca macho
- un limón tierno

Modo de empleo:

Este ritual debe realizarse en familia, ya que con él buscamos el bienestar de todos los que viven bajo el mismo techo. Por dicho motivo, tenemos que asegurarnos que todos los miembros allí presentes se van a tomar la tarea con mucha seriedad (y, sobre todo, que sean mayores de edad).

A las diez de la noche, cogeremos una vela de cera virgen de color miel clara y la unciremos con aceite de la abundancia. Así mismo, cogeremos la otra vela de cera virgen de abeja de color miel oscuro, y la unciremos con aceite salud.

Seguidamente cogeremos el carboncillo que se adjunta y lo encenderemos con una cerilla de madera, y cuando empiece a quemar, pondremos sobre el carbón un puñado de hierbas secas de San Salvador.

Cuando empiece a humear, encenderemos con cerillas de madera las dos velas y con la pluma que se adjunta, mojada en zumo de un limón, escribirá cada cual en uno pergamino su deseo para él y el resto de la familia. Una vez hecho esto, pondremos todos los pergaminos, juntos, uno encima del otro, y en aquel momento, todos juntos y en voz muy baja recitaremos:

"Por la fuerza de San Salvador
que quede protegida nuestra salud y honor,
y que todos aquellos a los que amamos
vean llenas de abundancia sus manos".

Y seguidamente, quemaremos los pergaminos, uno por uno, en un absoluto silencio. Al terminar, abriremos las ventanas de la habitación donde se haya realizado el ritual para dejar que se vayan las malas energías.

RITUAL de San Emilio

Objetivo: Conseguir que nuestros deseos se cumplan (aun así, recordamos que es importante no pedir cosas imposibles).

Qué necesitamos:
- 4 velas (azul claro, amarilla, rosa y azabache)
- aceite prosperidad
- aceite negocio
- aceite verbena
- aceite abundancia
- cerillas de madera
- pergamino animal (hoja grande y rectangular)
- tinta virgen amarilla
- tijeras
- pluma de oca macho

Modo de empleo:

Una noche cualquiera, justo cuando sean las 12, cogeremos una vela de color azul claro y la untaremos con aceite de prosperidad. Seguidamente haremos lo mismo pero con una vela amarilla y aceite de negocio. También lo haremos con una vela azabache y aceite de verbena y, finalmente, con una vela rosa y con aceite de abundancia. Recordamos que es MUY importante que se respete cada vela con el aceite indicado y no se intenten otras combinaciones, sino el ritual no sería efectivo.

Una vez untadas las velas, las dejaremos secar al aire libre toda la noche y ya no podremos continuar con el ritual hasta la noche siguiente (nunca durante el día).

Llegado ese día, cogeremos las cuatro velas y, otra vez a las doce en punto de la noche, las pondremos en una superficie plana, haciendo una cruz, y seguidamente las encenderemos con cerillas de madera.

Mientras arden las cuatro velas, cogeremos tinta virgen amarilla, y con una pluma de oca macho, escribiremos sobre un pergamino animal cuatro deseos en letra grande, clara y mayúscula (para ello hemos escogido un pergaminoo rectangular y amplio).

Tras escribir lo deseado, esperaremos a que las velas estén medio quemadas y cuando creamos que queda sólo la mitad, cortaremos el pergamino en cuatro trozos con una tijera y quemaremos cada uno de estos trozos en una vela distinta, mientras recitamos la siguiente oración:

San Emilio yo te pido,
con esta humilde oración,
que cumplas mis deseos
y me ayudes a vivir mejor.

Con este ritual, nos aseguramos conseguir lo que pidamos.

Ritual de San Gustavo

Objetivo: mejorar la economía familiar

Qué necesitamos:
- 4 velas rojas
- 1 vela azul
- aceite dinero
- verbena troceada
- tamarindo seco
- aceite sésamo
- incienso Katar
- sal gruesa
- carboncillos instantáneos

Modo de empleo:

Cogeremos las 5 velas y las untaremos, en primer lugar, con el aceite dinero. Una vez untadas, iremos a lavarnos las manos con jabón y un poco de sal, para quitar las malas vibraciones que pudieran tener las velas.

A continuación, cogeremos las 5 velas (de una en una, por la punta con cuidado de no mancharnos de aceite) y colocaremos, en algún sitio llano, en forma de cruz, quedando la vela azul en el medio

A continuación, cogeremos un puñado de verbena troceada y, alrededor de las velas, haremos un círculo.

Una vez ya hecho, haremos otro (por fuera del anterior) con el tamarindo seco.

Hechos los dos círculos, cogeremos el aceite de sésamo y dejaremos caer unas gotitas por todo el círculo, es decir, por su alrededor, resiguiéndolo, como si hiciéramos un dibujo. Lo haremos primero en el círculo de verbena y, en segundo lugar, con el de tamarindo.

A continuación, colocaremos dos carboncillos a cada lado de la vela azul. Taparemos el carbón con un puñado de incienso Katar. Cuando ya estén los dos montoncitos de Katar preparados, los encenderemos y, a continuación, haremos lo propio con las 5 velas (siendo la blanca la última en encender).

Mientras todo ello arde, diremos la siguiente oración 3 veces:

San Gustavo poderoso,

San Gustavo protector,

Haz que nuestra economía

Vaya cada día a mejor

Que la precariedad de mi se aleje

Y se llenen mis bolsillos de esplendor.

Cuando ya haya quemado todo, enterraremos los restos y, una vez cubiertos con tierra (en el jardín de casa, o en algún bosque o descampado cercano), tiraremos encima unas gotas de aceite de sésamo, mientras recitamos nuevamente la oración.

Ritual para cargar amuletos y talismanes

Objetivo: Generalmente casi todas las personas introducidas o interesadas en el mundo del esoterismo son poseedoras de algún amuleto o talismán, e incluso de alguna joya mágica. Este ritual sirve para cargar o limpiar amuletos y todo tipo de talismanes.

Qué necesitamos:

- aceite purificación,
- aceite contra energías negativas;
- mate brasileño (o lágrimas de Balaal)
- un paño nuevo de color blanco.

Modo de empleo:

Una noche cualquiera, minutos antes de la medianoche, cogeremos un pequeño recipiente de madera y en su interior introduciremos el contenido de una botellita de aceite purificación y otro de aceite de contra energías negativas, que nos ayudará a prever todo aquello malo que nos puedan contagiar.

Una vez mezclados le añadiremos un par de cucharaditas de café llenas de mate brasileño (en caso de no encontrarlo, se puede utilizar lágrimas de Balaal) y lo dejaremos macerar todo durante una media hora, teniendo en cuenta que aproximadamente cada 5 o 7 minutos debemos remover la mezcla que estamos preparando.

Pasado este tiempo, sumergiremos siete veces nuestros talismanes o amuletos en este combinado, secándolos seguidamente con un paño nuevo, que no haya sido utilizado nunca de color blanco. Nuestros amuletos y talismanes ya estarán a punto para realizar su función protectora.

Al día siguiente, siempre sin dejar pasar 12 horas desde la realización del ritual (es decir, deberemos usarlo otra vez antes de las 12 del mediodía) el aceite con el combinado que nos haya quedado lo utilizaremos para purificar la casa, poniéndolo dentro del cubo de agua de limpiar el suelo. Al fregar, debemos tener especial atención con las esquinas, que tendrán que ser cuidadosamente limpiadas ya que son los puntos del hogar donde más malas vibraciones se reúnen.

Ritual de San Genaro

Objetivo: Todas aquellas personas que poseen un establecimiento (negocio), sabrán perfectamente que, aunque no es lo más habitual, sí que hay ocasiones en que se recibe una visita que nos da la impresión de contener malas energías. Tras eso, a menudo nos queda la sensación que nuestro local está plagado de esa mala sensación, que se nota negatividad en el aire. Para ello, este ritual nos ayudará a limpiar nuestro negocio de malas energías.

Qué necesitamos:
- 4 velas rojas
- 2 velas amarillas
- Aceite raíz de mandrágora
- Aceite limpiador
- Hierbas romero
- Carboncillos instantáneos
- Recipiente de barro
- Cerillas de madera
- Papel de aluminio

Modo de empleo:

Cogeremos las 4 velas rojas y las unciremos con el aceite limpiador. A continuación, haremos lo mismo con las amarillas, pero sustituyendo el aceite limpiador por el de mandrágora. Una vez hecho esto, dispondremos las 6 velas en forma de rectángulo vertical, formado por dos filas de tres velas cada una, siendo en los dos casos la amarilla la que quede en el medio.

Después de haber hecho todo lo indicado, cogeremos el recipiente de barro y le colocaremos en su interior un carboncillo y lo cubriremos con las hierbas de romero (pero no todas de las que dispongamos, ya que deberemos guardar algunas para más tarde).

Posteriormente, pondremos el recipiente en medio del rectángulo. Encenderemos su contenido y también encenderemos la mecha de cada una de las 6 velas.

Cuando ya tengamos todo encendido, cerraremos los ojos y con voz alta y clara recitaremos la oración siguiente tres veces:

"Oh San Genaro, San Genaro,
Por el poder que Dios te otorga
Defiende mi negocio de las malas obras,
Que se alejen de aquí las malas energías
Y se acerque el dinero, la riqueza y la alegría"

Una vez recitado, esperaremos a que las velas y el romero acaben de quemar y tiraremos el contenido del recipiente de barro en algún lugar donde haya agua corriente (nunca en un retrete). El resto de romero lo guardaremos para próximos rituales.

Ritual de San Valentín

Objetivo: recuperar a la persona amada* que hemos perdido.

Qué necesitamos:
- 3 velas azules
- 3 velas rojas
- polvo de violeta
- menta china
- incienso mirra
- carboncillos instantáneos
- sal
- un espejo
- un recipiente de barro
- un pañuelo rojo limpio
- un cubo con agua

Modo de empleo:

Este ritual debemos realizarlo en domingo. En primer lugar, cogeremos el espejo con nuestra mano izquierda

---

*<Nota de la autora>:** Este ritual no es válido para intentar recuperar amistades, ni tampoco para enamorar. Existen otros rituales específicos para ello, y les recomiendo que los busquen si los necesitan. Sin embargo, este que vamos a realizar sirve sólo sirve para recuperar a alguien a quien, previamente, hemos estado enlazados sentimentalmente (maridos, parejas,

y lo sumergiremos en el cubo de agua tres veces durante 5 segundos cada una, sin dejarlo en ningún momento de nuestra mano. Pasados estos, lo sacaremos y lo secaremos con el pañuelo rojo. Una vez seco, lo pondremos en posición vertical delante nuestro, para poder ver lo que estamos haciendo en todo momento.

A continuación, pondremos las 6 velas (debe aclararse que las velas azules deberán ser sustituidas por velas **rosas** si intentamos recuperar el amor de una mujer) encima de una superficie plana formando un rectángulo y, en el centro, un puñado de sal y otro puñado de polvo de violeta.

En un recipiente de barro, pondremos el incienso mirra y un carboncillo, y lo encenderemos para que empiece a arder. Justo a continuación, colocaremos el recipiente en medio del rectángulo de velas, es decir, encima de la sal y el polvo de violeta.

Encenderemos las 6 velas, una por una, alternando los colores, y dejaremos que el contenido del recipiente de velas, así como las velas propiamente dichas, se consuma. Mientras tanto, recitaremos esta oración:

San Valentín,
tú que a los enamorados ayudas,
haz que de mi se enamore (decir nombre de la persona deseada)
Que se le despejen todas sus dudas,
Y responda a la llamada del amor.

Ritual de San Isidoro

Objetivo: Este ritual tiene como objetivo protegernos de los enemigos (a nosotros mismos y a nuestros familiares más cercanos) y formar una barrera contra esas personas que desean hacernos mal.

Qué necesitamos:
- 4 velas (verde, roja, teluro y azul)
- aceite de tamarindo
- tinta virgen roja
- 4 pergaminos vegetales redondos
- cerillas de madera
- 2 varillas de incienso en cono

Modo de empleo:

Este ritual debe empezar a realizarse a las 11 de la noche de un día par en el calendario. Cuando empecemos, cogeremos, en primer lugar, las 4 velas (una vela verde, otra roja, otra teluro y la última azul) y las unciremos con aceite de tamarindo, utilizando la mano derecha si somos zurdos, o la izquierda si somos diestros (es decir, al revés de lo que sería lo normal para nosotros, ya que así supone un mayor esfuerzo).

Seguidamente, con tinta roja, haremos un cuadrado exacto (con cuidado de no verter demasiada tinta), y en cada esquina pondremos una de las velas, estando el norte ocupada por la verde y el sur por la teluro.

Dentro del cuadrado pondremos cuatro pergaminos redondos, en los que habremos puesto en cada uno el nombre de la persona que creamos que nos está haciendo daño, nuestro enemigo (el mismo nombre repetido 4 veces). En el caso de tener la sensación que alguien nos desea mal pero no sabemos quien, pondremos en el pergamino «él» o «ella» (según si es hombre o mujer).

A las doce en punto de la noche encenderemos con cerillas de madera las cuatro velas, y las usaremos para quemar los pergaminos (cogiéndolos con cuidado de dentro del cuadrado). Mientras lo hacemos, recitaremos la siguiente oración:

"Poderoso San Isidoro
Protege mi hogar,
A mi y también a los míos
De todos los que me quieran dañar".

Como último paso, encenderemos las dos varillas de incienso en cono, y las dejaremos consumir lentamente.

Al finalizar, una vez ya estén consumidos los conos, pondremos todos los restos del ritual en una bolsa de plástico blanca, le haremos un nudo, y la tiraremos en algún lugar donde no acostumbremos a tirar nuestros residuos.

Ritual para el TRABAJO

Objetivo:

Vivimos en unos tiempos en que el trabajo es una necesidad vital e, incluso algunos viven para trabajar. Sin juzgar a nadie, sí que se puede afirmar que cualquiera haría lo que fuera para mejorar (o conservar) su trabajo. Por ello, detallamos a continuación un ritual que permitirá obtener el trabajo que usted desea, mejorarlo o conservarlo.

Qué necesitamos:

- 2 velas (una amarilla y una verde),
- aceite trabajo
- un pergamino redondo vegetal
- raíz de mandrágora coupé
- carboncillos instantáneos.

Modo de empleo

Cogeremos una noche de luna menguante las dos velas. En primer lugar, untaremos con el aceite la vela verde y, seguidamente, la vela amarilla. Las pondremos una al lado de otra, de manera que la verde quede a la derecha y la amarilla a la izquierda de nuestros ojos y con una separación de un palmo entre ellas.

En medio de las dos velas pondremos la pastilla de carbón instantáneo y sobre ella media bolsa de raíz mandrágora *coupé*. Seguidamente cogeremos el pergamino troquelado redondo y escribiremos sobre él en lápiz (jamás con tinta) la siguiente frase:

Trabajo siempre yo tenga,
Y que con él, el dinero y la tranquilidad,
Siempre a mí vengan.

A continuación, lo doblaremos y lo pondremos dentro del saquito junto con una raíz troceada de las que nos quedaron en la bolsa. Luego, encenderemos las dos velas (siempre con cerillas de madera) y seguidamente la pastilla de carbón con las hierbas mágicas. Cuando el humo empiece a fluir hacia arriba, diremos con voz baja y con la mente muy positiva:

Trabajo solo pido Señor
Para tener una vida positiva
Y que si alguna vez me falta
Que venga a mi otra faena alternativa

Esta oración se dirá dos veces consecutivas y, a continuación, dejaremos que se apaguen las velas hasta el final. El pergamino lo cortaremos en pequeños trozos y nos desharemos de él, preferiblemente enterrándolo.

El saquito con la raíz de mandrágora lo guardaremos en un lugar importante y secreto de la casa, y cuando vayamos a buscar trabajo, lo llevaremos siempre encima.

Ritual para la SUERTE

Objetivo: Tarde o temprano, más jóvenes o más adultos, pero todos buscamos y pedimos suerte alguna vez a lo largo de nuestras visas. Hay quien se queja de que la suerte y la fortuna nunca llaman a su puerta, por lo que en ocasiones hay que hacer algún tipo de ritual para que nos facilite su deseada visita. Con el que le ofrecemos, conseguirá que la suerte venga a nosotros después de una época poco afortunada.

Qué necesitamos:
- 2 velas (una verde y una roja)
- hierbas de la suerte
- carbón instantáneo,
- incienso sándalo
- cerillas de madera
- pluma de oca macho
- tinta virgen de color negro
- pergamino vegetal

Modo de empleo

Cogeremos las dos velas y las colocaremos una al lado de otra, con una separación aproximada a 20 centímetros. Alrededor de las velas, y con un trazo muy fino, haremos un círculo con las hierbas de la suerte.

Seguidamente, cogeremos la pastilla de carbón instantáneo y sobre ella pondremos una cucharada sopera de incienso sándalo (el resto de hierbas lo guardamos).

A continuación, con un pluma de oca macho previamente mojada en tinta negra, escribiremos la palabra **SUERTE** sobre el pergamino troquelado circular que tenemos, y lo pondremos justo entre las dos velas.

Sobre el pergamino ya escrito, pondremos otra cucharada de incienso sándalo y seguidamente encenderemos las dos velas y la pastilla de carbón con el incienso con una cerilla.

Cuando tanto las velas como el carbón e incienso empiecen a humear, diremos en voz alta y clara la siguiente oración tres veces:

Ni el dolor, ni la desgracia,
ni la maldad, ni la muerte,
que solo vengan a mí para siempre.
la fortuna y la bendita Suerte.

Seguidamente dejaremos que las velas quemen hasta el final (sin apagarlas antes, ya que ello anularía el efecto del ritual) y una vez totalmente apagadas, cogeremos el pergamino y lo doblaremos dos veces. Cogeremos otra cerilla y quemaremos también el pergamino doblado. Mientras arde, repetiremos dos veces más la oración antes indicada.

Ritual de las 7-Potencias

Objetivo: Muchas son las personas que se sienten, muy a menudo (demasiado, en algunos casos), negativas. De hecho, todos hemos pasado por lo que llamamos una 'mala racha', y hay épocas en que nos gustaría que nuestra suerte cambiara. Para ello, además de potenciar la suerte, es importante potenciar todos los elementos positivos (cualidades, posibilidades, etc.) en nuestra persona. Además del ritual, es de vital importancia, en esas épocas, potenciar el diálogo y la comprensión con nuestros seres queridos, hablando, explicando, entendiendo y dejándose aconsejar.

Qué necesitamos:
- 4 velas (azul, naranja, rosa y morada)
- 4 pergaminos redondos
- tinta virgen naranja
- una pluma de oca macho
- aceite 7-potencias
- cerillas de madera.

Modo de empleo:

Una noche de miércoles, viernes o domingo, cogeremos las 4 velas y las unciremos con aceite 7-potencias. A continuación, las colocaremos en forma de cuadrado. Después, cogeremos los pergaminos y, usando la tinta virgen naranja y la pluma de oca macho, escribiremos las siguientes palabras: **amor/ salud/ dinero/ trabajo** (una palabra en cada pergamino)

Una vez escrito esto, cogeremos los pergaminos y los colocaremos en medio de las velas, en forma de cruz, pondremos un pergamino en cada banda del cuadrado.

Una vez encendidas las 4 velas, recitaremos dos veces la siguiente oración:

"Por el amor y la pasión
Que suerte, trabajo, salud y dinero,
Jamás me falte
Ni tampoco fuerza a mi corazón"

Cuando ya se hayan acabado de consumir, cogeremos los 4 pergaminos, los pondremos uno encima de otro, y los 4 encima de un carboncillo instantáneo.

Acto seguido, y ya como último paso de este ritual, encenderemos el pergamino de más arriba con una cerilla y, con otra, el carbón de debajo. Así conseguiremos que ardan los pergaminos por arriba y abajo más rápidamente.

Mientras los miramos arder, y antes de que se apaguen, volveremos a repetir la oración anterior un par de veces más.

Ritual de San Nicolás

Objetivo: Todos sabemos lo caprichoso que es el azar. Con este ritual, conseguiremos una mejora en nuestra suerte en el azar (loterías, apuestas, etc.).

Qué necesitamos:
- 3 velas amarillas
- Espliego
- incienso celta,
- carbón instantáneo
- aceite raíz de mandrágora
- un recipiente de barro
- cerillas de madera.

Modo de empleo:

Este ritual sólo puede realizarse los días 1, 3, 7, 11, 15, 17 o 21 del mes. Además, no lo iniciaremos, en ningún caso, antes de las diez de la noche, y lo llevaremos a cabo en algún sitio al aire libre (si no puede ser en una terraza o patio, lo haremos cerca de una ventana grande) para impregnarnos de las buenas energías que nos puede ofrecer la noche al realizar este ritual..

Para empezar, cogeremos las tres velas y las unciremos, siempre de a bajo a arriba, con el aceite de mandrágora, el aceite neutro por excelencia. Una vez ya uncidas, las pondremos en forma de triángulo sobre una superficie totalmente plana. A continuación, haremos un círculo, dentro, con el espliego (sin gastarlo todo, ya que lo volveremos a necesitar en el siguiente paso).

En el recipiente de barro pondremos un carboncillo, encima de éste el incienso y, por encima de este último, un pequeño puñado de espliego (del que nos quedaba en la bolsa).

Cuando ya lo tengamos todo en el recipiente, lo cogeremos y lo pondremos en el centro del triángulo hecho por velas. Entonces encenderemos con las cerillas de madera todo el contenido. Cuando empiece a arder, levantaremos las velas, poniéndolas de pie, las encenderemos y las dejaremos arder lentamente.

Pasados dos minutos, recitaremos lo siguiente:

San Nicolás, San Nicolás,
Por el poder que Dios te concede
Y te concede este ritual
Haz que mi suerte mejore
Haz que de mi parte esté el azar.

Para potenciar nuestra suerte es recomendable coger una pequeña cantidad de restos de incienso celta y de espliego, guardarlos en una pequeña cajita o bolsisita de ante y colocarlo en un cajón de la mesilla de noche.

Ritual protección del hogar

Objetivo: proteger nuestro hogar de malas vibraciones.

Qué necesitamos:
- Hojas de olivo
- 4 velas (de color azul oscuro)
- 4 palos de incienso
- 4 pergaminos redondos vegetales
- tinta blanca virgen
- una pluma de oca macho

Modo de empleo:

En este ritual deben participar, como mínimo, la mitad más uno de miembros de la familia que viven juntos (si vivieran 3, mínimo dos; si vivieran cuatro, mínimo tres); de lo contrario, no es efectivo ya que se trata de proteger el hogar donde se vive. Asimismo, nos debemos asegurar que todos los participantes se tomen **muy en serio** el ritual, sino no sirve de nada.

Reunidos ya todos los participantes, en primer lugar debemos coger el hojas de olivo y, sobre el suelo de la casa o donde estemos, haremos un círculo de medio metro de diámetro aproximadamente.

A continuación, cogeremos las cuatro velas de color azul oscuro y las pondremos dentro del círculo que hemos hecho. Entre vela y vela, pondremos los cuatro palitos de incienso y cuando estemos toda la familia reunida, el asistente más mayor encenderá las cuatro velas y los cuatro inciensos.

Inmediatamente, cada uno de los asistentes, por orden de edad (de más mayor a más joven) cogerá un círculo de papel pergamino y con la pluma impregnada de tinta blanca virgen, escribirá lo siguiente:

"Por el poder de este ritual,
que de mi hogar se aleje cualquier mal"

Cuando estén todos los pergaminos escritos, los pondremos en medio del círculo, justo en medio, uno encima del otro.

En el siguiente paso, el protagonismo debe tenerlo la persona más joven de la familia (recordemos que, en ningún caso, los menores de edad podrán participar). Dicha persona encenderá, con una cerilla, el grupo de pergaminos, para que se quemen todos. También encenderá las velas y dejará que se consuman hasta el final.

Finalizado esto, todos los miembros allí presentes formarán un círculo, cogiéndose de las manos, y dirán a la vez, y en voz alta:

"Por el poder que nos concede esta unión
Y porque nunca nadie nos podrá derrumbar,
Apártense todos los males de nuestro hogar".

Ritual de Santa Laura

Objetivo: devolver la unidad familiar. Es un ritual muy adecuado para épocas que hay discusiones en casa y problemas de todo tipo. Todo el mundo sabe que no hay nada peor que ver una familia desunida.

Qué necesitamos:
- Una vela amarilla
- 2 velas blanca
- 3 velas rosas
- Aceite unión
- Aceite limpiador
- Hierbas amor
- Incienso katar
- Carboncillos instantáneos
- Recipiente de barro

Modo de empleo:

Cogeremos una noche de luna creciente y untaremos las dos velas blancas y la vela amarilla con aceite limpiador. Lo haremos desde la base de la vela hasta arriba (nunca al revés). A continuación, cogeremos las tres velas rosas y las untaremos con el aceite unión.

Una vez húmedas las 6 velas (importante que sean sólo húmedas pero no mojadas), en la encimera de la cocina, pondremos sobre la superficie las hierbas del amor, bien extendidas.

Ahora cogeremos las velas, una por una, y poniéndolas en posición horizontal, encima de la encimera de la cocina, las haremos rodar por encima de las hierbas, para que se impregnen. Empezaremos por la amarilla, luego las blancas, y por último las rosas.

Cuando ya estén todas las velas bañadas en hierbas del amor, las pondremos de pie, formando un triángulo.

A continuación, cogeremos el recipiente de barro y pondremos en su interior un carboncillo y un puñado de incienso de katar, para que purifique el ambiente. Acto seguido, encenderemos su contenido.

Ahora, en medio del triángulo formado por las velas, pondremos el recipiente de barro. A continuación, encenderemos las 6 velas y recitaremos la siguiente oración:

Santa Laura pacificadora,
Tú que fuiste una luchadora,
Lucha ahora para que mi familia
permanezca unida
Y aparta de ellos toda maldad y envidia.

Debemos esperar a que todas las velas acaben de consumirse para considerar el ritual finalizado.

Ritual de San Juan del amor

Objetivo: Somos humanos y, pese a lo que digan, no podemos vivir sin amor. Todo el mundo, hombres y mujeres, más o jóvenes o menos, necesita amar y ser amado. Con este sencillo ritual, conseguiremos que la persona deseada despierte interés en nosotros.

Qué necesitamos:
- aceite de mandrágora (botella grande)
- aceite de amor
- aceite propósito
- pergamino vegetal
- tinta virgen rojo
- tamarindo
- pluma de oca macho
- Recipiente de barro y cuchara de madera

Modo de empleo

Cogeremos un recipiente de barro cocido (vale por ejemplo una simple ollita de cocina) y pondremos en su interior el contenido de una botella grande de aceite de mandrágora (125 centilitros) y una botellita pequeña (unos 15 centilitros) de aceite de amor y otra botellita similar de aceite propósito.

Mezclaremos bien los tres aceites mágicos con una cucharita de madera. Los dejaremos reposando, durante unas dos horas, y seguidamente le añadiremos una cucharada sopera de tamarindo (muy fácil de conseguir en tiendas especializadas). Lo mezclaremos todo y lo dejaremos otra hora.

Cuando ya hayan transcurrido los 60 minutos de espera, cogeremos un pergamino vegetal de forma redondeada y con una pluma de oca y tinta virgen de color rojo, escribiremos el nombre de la persona que deseamos enamorar.

Una vez escrito el nombre , dejaremos secar el círculo de pergamino (unos veinte minutos) y a continuación y una vez ya seco, lo pondremos dentro del recipiente, junto a los tres aceites y el tamarindo. Hecho esto, diremos en voz baja esta breve oración:

«A (*decir nombre persona querida*) deseo enamorar,
sirva este ritual para lograr nuestra unión
y eterna felicidad»

Seguidamente dejaremos durante 24 horas que el pergamino con el nombre de la persona amada repose en el recipiente de barro.

Pasado este tiempo, sacaremos el pergamino de la mezcla (de la cual podemos deshacernos a nuestra voluntad) y dejaremos secar el círculo vegetal donde escribimos el nombre, el cual, una vez secado, será nuestro amuleto del amor, y lo podemos llevar encima, por ejemplo dentro de una bolsita de ante o cuero, o tenerlo en casa guardado en la mesita de noche.

Ritual para aprobar exámenes

Objetivo: Nos provocan dolor de cabeza, en ocasiones pereza, en otras miedo o pavor. Por si ello fuera poco, muchas son las veces que nuestros propios nervios nos juegan una mala pasada, y nuestro trabajo no vale, finalmente, para nada. Todos conocemos esa sensación porque, en un momento u otro de nuestras vidas, hemos pasado por ello: EXÁMENES.

Este ritual nos ayudará a apaciguar nuestros nervios, a acudir con mente abierta y positiva a la prueba, y facilitará su aprobado.

Qué necesitamos:

- Una vela verde
- Aceite yo puedo más que tu
- Hierbas de la suerte
- Carbón instantáneo
- Cerillas de madera

Modo de empleo:

Cogeremos la vela verde y la unciremos con el aceite de yo puedo más que tu. Seguidamente, a la derecha, y situada a unos veinte centímetros de dicha vela, pondremos el carbón instantáneo y sobre él, una cucharada generosa de hierbas de la suerte.

Una vez realizado esto, cogeremos el pergamino troquelado (redondo) y escribiremos sobre él, el nombre del examen que deseamos aprobar, y lo pondremos exactamente en medio de la vela, y del carbón para quemar.

Encenderemos la vela primero, y seguidamente el carbón con hierbas, siempre utilizando cerillas de madera. Cuando la vela empiece a arder, esperaremos en total silencio tres minutos, tras los cuales diremos la siguiente oración:

Señor que Todo lo puedes,
Permite que gracias a mi fe en este ritual,
La prueba que yo debo de pasar,
Sin problemas la llegue a superar

Esperaremos a que se acaben de quemar las hierbas y, a continuación, cogeremos el pergamino troquelado con el yo puedo más que tu, y lo colocaremos dentro de una bolsita pequeña (preferiblemente de ante) con una pizca de hierbas quemadas.

Es imprescindible llevar encima este pergamino ya trabajado y ritualizado, el día de la prueba o examen, aunque sea a escondidas en alguna parte. Lo más lógico y habitual es llevarlo en la cartera, monedero o bolso (en el caso de las mujeres) pero, de no poder entrar a examinarnos con nada, lo colocaremos en algún bolsillo de la ropa que llevemos ese día.

Una vez superada la prueba deseada quemaremos el pergamino con cerillas de madera, y tiraremos los restos cerca de una fuente.

Ritual para la abundancia

Objetivo: traer la abundancia a nosotros mismos y/o a nuestros familiares más próximos. Es importante recordar que cuando hablamos de abundancia no hacemos referencia sólamente al dinero (para ello hay otros rituales más específicos), sino a la abundancia de tener plenitud en la vida, es decir, abundancia material e inmaterial.

Qué necesitamos:
- Una vela amarilla
- aceite romero
- tinta virgen violeta
- pergamino vegetal
- un recipiente de barro
- carbón instantáneo
- una pluma de oca macho francesa
- hierbas de de abundancia
- bolsa de ante de color negro.

Modo de empleo:

Una noche de luna llena , antes de medianoche, cogeremos la pluma de oca macho francesa y le haremos punta, cuidadosamente, con algún instrumento afilado. Una vez ya preparada, empaparemos la pluma en la tinta virgen de color violeta y, seguidamente, escribiremos el nombre de la persona o personas que queremos que se beneficien de este ritual (sin exagerar el número de personas; recordemos que los rituales son para beneficiar a los más cercanos).

A continuación, cogeremos y pondremos en el recipiente de barro (cualquiera de los que se usan habitualmente para la cocina) el carbón y un puñado de hierbas de abundancia y los encenderemos media hora antes de medianoche.

Finalmente encenderemos la vela amarilla que habrá bañado antes con el aceite de romero. Cuando la vela esté a medio quemar, pensaremos profundamente en los destinatarios del ritual (da igual si somos nosotros mismos) y cogeremos el pergamino con sus nombres y, con la misma llama de la vela, los dejará quemar hasta el final. Mientras se quema, recitaremos la siguiente oración:

En esta noche de luna llena
que la abundancia venga a mi
y me cuide por mucho tiempo
igual que la luna cuida a la Tierra

La hierba de abundancia que nos quede, la guardaremos en una bolsita negra de ante (si no tiene en casa, puede conseguirla en cualquier tienda especializada en esoterismo o joyería esotérica) y la llevaremos todo el año encima.

Ritual de San Onofre

Objetivo: La salud es nos permite disfrutar de los otros aspectos cotidianos de la existencia diaria. Necesitamos conservarla e intentar por todos los medios no perderla.

Qué necesitamos:
- Una vela verde y una lila
- agua bendita
- cuarzo rosa
- carbón instantáneo
- incienso mirra (en grano)
- pergamino vegetal redondo
- tinta virgen azul y pluma de oca macho
- bolsita de ante roja

Modo de empleo:

Una noche impar en el calendario (1,3,5,7,11,17…) cogeremos el agua bendita, limpiaremos el cuarzo, a continuación frotaremos con mucho cuidado y suavidad con el cuarzo rosa las dos velas, con precaución siempre que las velas no se rompan ni pierdan cera en la acción.

A continuación, bajo una ventana de la casa, colocaremos las velas separadas a por una distancia aproximada de unos 20 centímetros (un palmo). Tenemos que procurar que la vela verde queda a la derecha y la lila a la izquierda. Entre medio de las dos velas pondremos la pastilla de carbón instantáneo y sobre él, una cucharada de incienso.

Encenderemos las velas con las cerillas de madera, y a continuación, haremos lo mismo con el carbón.

A continuación, escribiremos con la pluma y tinta azul la frase "Salud tenga" en el pergamino redondo y, cuando ya esté seco, lo doblaremos por la mitad.

Después, cogeremos en la misma mano derecha el pergamino doblado por la mitad y el cuarzo rosa que habrá servido para ungir la vela, y lo pasaremos diversas veces sobre el humo tanto de las velas con del incienso y el carbón. Al hacerlo, diremos en voz alta y clara la siguiente oración:

No quiero riqueza,
No quiero poder
No quiero glorias ni flores
Solo pido a San Onofre,
Que la salud nunca me abandone.

Esta oración será dicha **tres veces seguidas**, siempre haciendo los pases sobre las velas. Cuando hayamos acabado nuestro recital, cogeremos el pergamino y el cuarzo rosa y nos lo pasaremos por todo el cuerpo, con suavidad, pero de manera firme.

Al terminar, quemaremos el pergamino. El cuarzo, ya ritualizado, lo depositaremos en el interior de la bolsita de ante roja y que, a partir de ese momento, siempre llevaremos cerca de nosotros y jamás dejaremos que nadie toque.

Ritual de San Luis

Objetivo: superar crisis y baches económicos.

Qué necesitamos:
- 5 velas amarillas y 5 velas doradas
- aceite raíz de mandrágora y aceite dinero
- incienso mirra
- polvo de la fortuna
- recipiente de barro
- carboncillos instantáneos
- cerillas de madera

Modo de empleo:

En primer lugar, cogeremos las diez velas que componen este ritual y las separaremos por colores. Una vez hecho esto, untaremos las cinco velas amarillas con aceite de raíz de mandrágora y las 4 doradas con aceite dinero. A continuación, las colocaremos, encima de una encimera de la cocina (asegurándonos siempre que quede una ventana abierta para que salgan las posibles malas vibraciones) o bien en un jardín o un patio, formando un círculo con las velas lo más grande posible.

El círculo que formemos tiene que mantener las velas de pie. Recomendamos bien comprar algún soporte especial para ello (disponible en tiendas especializadas) o, si lo hacemos en un lugar controlado y donde no se pueda quemar nada, formar nuestro propio pie para las velas con un poco de cera de otras velas (que no participen en el ritual). Para ello, cogemos una vela y la quemamos de tal forma que vaya cayendo cera y acumulándose, en forma de pequeño túmulo, y antes de que se seque, colocamos la vela del ritual encima. La cera nos permitirá mantener las velas en pie (este truco es óptimo para cuando hacemos rituales en lugares como una encimera de cocina).

Una vez ya esté hecho el círculo (alternando una vela de cada color) deberemos formar otro círculo más, dentro del anterior, con los polvos de la fortuna.

Una vez hechos los dos círculos, cogeremos el recipiente de barro (pequeño) y le pondremos dentro una pastilla de carbón instantáneo. Encima de éste, podremos un puñado de incienso de mirra.

A continuación, cogeremos el recipiente de barro con cuidado y lo colocaremos justo en el centro de los dos círculos, es decir, tiene que quedar en medio del círculo más pequeño.

Una vez allí, encenderemos, con las cerillas de madera, su contenido y recitaremos la siguiente oración:

"Por el poder de San Luis,
y con la ayuda de este ritual,
Pido superar esta época gris,
Pido que vuelva la prosperidad".

Repetiremos la oración cinco veces y, tras ello, esperaremos a que las diez velas acaben de arder. Al finalizar todo el ritual, deberemos recoger todos los restos y lavar la zona donde lo hemos realizado con agua muy fría (con cubos, manguera o similares).

Los solsticios, los equinoccios y sus rituales

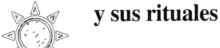

Desde la Antigüedad, el ser humano se dedicó a observar el movimiento de los astros y practicaban, en determinados días, lo que por aquel entonces fueron los primeros rituales mágicos.

Lo que aquellos hombres y mujeres realizaban tenía un gran mérito, ya que muy lejos quedaban los calendarios y agendas actuales. El mérito de conocer las fechas clave se lo debían a los *mogures*, nombre moderno que los prehistoriadores dan a los antiguos magos-curanderos del neolítico o incluso del paleolítico superior. Los conocimientos de estos sabios permitían conocer, entre otras cosas, las influencias que ciertas fechas del año tienen sobre el comportamiento de seres humanos y animales.

A partir de dichas observaciones, descubrieron que había cuatro fechas primordiales a nivel cósmico-antropológico para las cuales las fuerzas del universo podían ser útiles y que coincidían con las cuatro principales fechas astronómicas del año: Los equinoccios y los solsticios.

Todas las culturas antiguas dedicaron rituales concretos a estas fechas. Más tarde, con la llegada del cristianismo y más tarde (siglo IV) su «oficialización», estas fechas fueron cristianizadas, y siguieron celebrándose en los mismos días pero con diferentes nombres.

Así pues, el solsticio de diciembre cristianizado como Navidad, el de verano como San Juan, considerada como la noche más mágica de todas. Es la noche en que la Luz vence a la oscuridad. Del mismo modo, también se celebran ritos en Halloween y Walpurgis, cristianizada la primera como Todos los Santos.

Aún actualmente en toda Europa y muchos países iberoamericanos de cultura hispana se celebran miles de rituales en estas cuatro fechas clave. En ellos, se ofrecen ofrendas o se piden favores a las fuerzas de la Naturaleza que, en esas fechas concretas de sienten presentes con más poder que en otros días.

En estas paginas, hemos querido recoger una pequeña selección para que los lectores puedan realizar en cada uno de estos eventos mágicos astronómicos un ritual que les sea favorable.

Los rituales que aquí presentamos tienen como componentes principales, productos que son de fácil adquisición en los países hispanoamericanos y España, y que difieren en muchos casos de los de origen anglosajón o germánico que basan más sus rituales en el contacto directo con la naturaleza, siendo los latinos más «caseros» e incluso familiares, posiblemente debido a la particular idiosincrasia de los actuales pueblos hispanos.

Ritual de Halloween

Objetivo: ponernos en comunicación con las fuerzas de la Naturaleza para que nos favorezcan y cumplan nuestros deseos.

Qué necesitamos:
- Una vela verde
- Aceite menta china
- Hierbas prosperidad
- Cerillas
- Carbón instantáneo
- Dos pergaminos troquelados vegetales
- Pluma de oca macho
- Tinta virgen verde

Modo de empleo:

A las 10 de la noche, cogeremos la vela verde y la unciremos de arriba a bajo con el aceite de menta china. Esto lo haremos con la mano derecha en caso de ser zurdos o con la izquierda en caso de ser diestros (es decir, al revés de lo habitual). Una vez bien uncida, pondremos a una distancia aproximada de un palma la pastilla de carbón instantáneo y, sobre dicho carboncillo, pondremos tres pequeñas cucharaditas de las hierbas de prosperidad.

A continuación, cogeremos los dos pergaminos troquelados y circulares, y con la pluma de oca macho previamente bañada en tinta virgen azul escribiremos en uno de ellos el deseo que queramos que se nos conceda, y lo pondremos a la derecha de la vela. Seguidamente con el otro pergamino escribiremos una cosa o nombre de persona que deseamos que se aleje para siempre de nosotros, y dicho pergamino, lo pondremos en la izquierda de la vela.

Una vez puestos los pergaminos en su lugar, cogeremos dos cerillas y prenderemos primero el carbón con las hierbas, y seguidamente, la vela. Cada cosa con una cerilla distinta, y seguidamente diremos en voz baja o interiormente:

En esta noche mágica y de poder,
Siento que el mal puedo vencer.
Que con ayuda de este ritual
Practicado en una noche tan poderosa
se me conceda lo que deseo,
y que sea fuerte y poderosa

Una vez recitada esta corta oración dos veces, cogeremos con la mano izquierda el pergamino con lo que deseamos que se aleje, y lo quemaremos en la llama de la vela. Seguidamente con la mano derecha, cogeremos el pergamino con nuestro deseo a cumplir, y lo pasaremos justamente por encima del humo que se desprende de las hierbas y el carbón en combustión, y una vez hecho esto, guardaremos dicho pergamino todo el año en algún lugar bien guardado, como un armario o la cartera pero, sobre todo, que sea un lugar al cual sólo nosotros tengamos acceso.

Ritual de Navidad

Objetivo: Conseguir que se cumplan nuestros deseos y alejar las malas vibraciones y energías de las cuales nos hemos cargado durante el año que despedimos.

Qué necesitamos:
- 3 velas (2 rojas y una blanca)
- Aceite contra energías negativas
- Carbón instantáneo (pastillas)
- Cerillas de madera
- Hierbas de providencia (abundancia)
- Incienso mirra
- Dos pergaminos redondos vegetales

Modo de empleo:

Cogeremos a las ocho de la tarde del día 24 (Nochebuena, para que el día siguiente, Navidad, amanezca ya positivo), siempre asegurándonos que tenemos el tiempo suficiente para finalizar el ritual tranquilamente (es decir, que se recomienda hacerlo bastante tiempo antes de la cena), y encenderemos con cerillas de madera las tres velas: la roja y la blanca. Diez minutos antes de hacerlo, habremos uncido (siempre de abajo hacia arriba) las velas con el aceite contra energías negativas, que nos ayudará a alejar todos los malos augurios del año que abandonamos.

Junto a cada una de las tres velas pondremos una pastilla de carbón instantáneo, que también encenderemos con cerillas de madera, y una vez empiecen a quemar, pondremos encima de un carbón un pellizco de las hierbas de la Providencia (abundancia) y encima del otro un poco de incienso mirra. Dejaremos pasar un par de minutos para que las hierbas, la mirra y el humo de las velas purifiquen el lugar.

Seguidamente, cogeremos los dos pergaminos redondos. En uno pondremos el deseo que queremos que se realice el año próximo y, en el otro, lo que deseamos que desaparezca para el próximo año. Una vez escritos los deseos, cogeremos con la mano derecha el pergamino con el deseo que anhelamos, y con la mano izquierda, el pergamino con lo que deseamos que desaparezca. A continuación, con la mente concentrada diremos en voz alta:

En esta fiestas de Navidad
que se aleje de mi toda maldad.
En estas fiestas de Sagrada Transcendencia,
que no me falte la Providencia

A continuación quemaremos el pergamino con nuestro deseo en la vela blanca y el pergamino con lo que deseamos desechar, en la vela roja. La vela roja restante la dejaremos consumir hasta el final.

Una vez quemados y apagados los restos del carbón, hierbas y mirra, abriremos la ventana y lo soplaremos todo, consiguiendo así que se aleje de nosotros todo lo malo.

Ritual de Walpurgis[1]

>  ATENCIÓN! Este ritual se considera más largo de lo habitual, y **requiere especial atención**, ya que hay pequeños detalles que pueden hacer variar su intención.
> Es muy importante leer bien el ritual antes de iniciarlo (tantas veces como sea necesaria) y, a la hora de llevarlo a cabo, no hacerlo de memoria. Tenga el libro delante a la hora de hacerlo.

Objetivo: invocar a las poderosas fuerzas de la noche de Walpurgis para cumplir nuestros deseos.

Qué necesitamos:

- 4 velas (naranja, amarilla, teluro y azul)
- carbón instantáneo
- hierbas de San Salvador

<Nota de la autora>: *Este ritual se celebraba antes coincidiendo con la equinoccio de primavera, aunque más tarde se trasladó a la fecha que coincidía con la muerte de Walburga, una santa-maga que vivió hacia el siglo VIII y compaginó el cristianismo con las antiguas costumbres y cultos paganos e incluso con la magia germana y los oráculos rúnicos. Este ritual tiene, pues, sus orígenes en antiguas fiestas paganas (del campo), que ya se celebraban en la Antigüedad, y tenían como finalidad pedir a la Madre Naturaleza prosperidad de las tierras de cultivo.*

- pergamino vegetal
- pluma de oca macho
- tinta virgen de color teluro
- bolsa pequeña de ropa

Modo de empleo:

Cogeremos la última noche de abril (día 30) a las doce en punto de la noche cuatro velas de color naranja, amarillo, teluro y azul. Las colocaremos en el suelo (las velas estiradas, **no herguidas**) componiendo la figura de un cuadrado.

En medio del cuadrado pondremos una pastilla o trozo de carbón, mejor si es de los conocidos como «instantáneos» que encienden de forma rápida y segura con una simple cerilla y sobre él, un puñado de hierbas de San Salvador (llamadas en los países celtas y sajones «hierba druida») y cuando estén velas y carbón preparados, encenderemos las primeras y seguidamente carbón y hierbas.

Cuando empiecen a humear y a fundirse en al aire el humo de las cuatro velas, el carbón y las hierbas mágicas, cogeremos un pergamino, una pluma de oca o de ave (nunca un bolígrafo o similar) y un frasquito de tinta virgen de color teluro y escribiremos sobre el pergamino con la pluma tres deseos que esperemos que se cumplan cuanto antes mejor.

Una vez escritos los tres deseos, dejaremos que el pergamino se seque durante un par de minutos. A continuación, lo doblaremos en dos trozos, quedando el escrito en la parte interior, y con la mano derecha lo pondremos directamente sobre el humo de velas, hierbas y carbón, a una altura aproximada de un metro, y mientras la combinación de humos va empañando de sus energías el pergamino doblado, recitaremos la siguiente oración cinco veces, en voz baja y con la mente muy concentrada en lo que estamos realizando:

Noche de Walpurgis,
noche de poder
que con la ayuda del humo purificador,
y las potencias celestiales
que hoy nos manda el Creador,
todo lo que deseo pueda obtener

Seguidamente dejaremos consumir las cuatro velas y el carbón con las hierbas, y una vez todo apagado, cogeremos el pergamino (no debe de ser muy grande) lo doblaremos otra vez y lo guardaremos todo el año dentro de una bolsita, mejor de ante, de color marrón o beige, los colores de Santa Walburga, para así, obtener durante ese año todos los deseos que habíamos solicitado.

Dicha bolsita miraremos de llevarla encima, en el bolso, cartera o bien dejarlo en un lugar seguro de casa, pero siempre con la condición de que, no le toque el sol, ni nadie que no seamos nosotros lo pueda tocar con sus manos.

Al año siguiente volveremos a realizar este mismo ritual en la misma fecha, pero con nuevos deseos.

Ritual de San Juan

Objetivo: conseguir bienestar para los nuestros.

Qué necesitamos:
- Dos pergaminos redondos vegetales
- Dos velas (lila clara y lila fuerte o morada)
- Estampa de San Juan
- Un limón
- Un palillo de madera y cerillas
- Hierbas de San Juan
- Sal marina
- Bolsita de ante negro

Modo de empleo:

 A las once en punto de la noche de San Juan (no la verbena, sino el día 24), cogeremos cada uno de los dos pergaminos redondos y escribiremos con zumo de limón y la ayuda de un palillo de madera (los que usamos en la cocina y en la mesa; mondadientes) los dos deseos que hemos decidido pedir esa noche.

 Tras eso, trazaremos un pequeño círculo de protección alrededor de cada pergamino, de la siguiente manera: Uno de ellos se realizará con la sal marina, y el otro, con las hierbas de San Juan.

 Cuando los pergaminos ya estén el el interior de los círculos, pondremos las velas también en el interior de la circunferencia. En primer lugar, lo haremos con la vela lila clara, que colocaremos dentro del círculo hecho con la hierba de San Juan; posteriormente, pondremos la vela morada en el círculo de la sal marina.

A continuación, encenderemos con cerillas de madera (una para cada vela) ambas velas y en el momento que empiecen a arder las dos, cogeremos con la mano derecha la estampa de San Juan y diremos en voz baja y con mucho sentimiento la siguiente oración:

Noche mágica, noche de San Juan,
Todo mi poder pongo en este ritual
Para que las fuerzas del bien y la bondad,
Me entreguen a mí y a los míos,
Salud, dinero y felicidad.

Una vez finalizada la oración, guardaremos en un rincón de casa o del negocio, nuestra estampa (plastificada) ya ritualizada y dejaremos quemar hasta el final ambas velas.

Una vez quemadas, cogeremos los restos de los pergaminos, un poco de sal del circulo de protección y un poco de hierbas de San Juan del circulo de protección y los meteremos dentro de una bolsita de ante de color negro; una vez dentro y cerrada ésta, se convertirá en un poderoso amuleto que nos protegerá todo el año, hasta la próxima noche de San Juan. Dicha bolsita-amuleto, se puede llevar encima (por ejemplo dentro del bolso), aunque no es una condición fundamental.

ÍNDICE

Prólogo 7
Antes de empezar 11

Ritual de la salud y la abundancia 14
Ritual de San Emilio (deseos) 16
Ritual de San Gustavo (economía familiar) 18
Ritual para cargar amuletos y talismanes 20
Ritual de San Genaro (contra malas energías) .. 22
Ritual de San Valentín (recuperar el amor) 24
Ritual de San Isidoro (contra enemigos) 26
Ritual para el trabajo 28
Ritual para la suerte 30
Ritual de las 7-Potencias 32
Ritual de San Nicolás (suerte en el azar) 34
Ritual para la protección del hogar 36
Ritual de Santa Laura (unidad familiar) 38
Ritual de San Juan del amor 40
Ritual para aprobar exámenes 42
Ritual para la abundancia 44
Ritual de San Onofre (Salud) 46
Ritual de San Luis (crisis o baches económicos) 48
Las 4 fechas claves del año y sus rituales 50
Ritual de Halloween 52
Ritual de Navidad 54
Ritual de Walpurgis 56
Ritual de San Juan 59

CONTACTO

....

Para cualquier duda, pregunta o consulta referente a este libro, puede contactar con la autora a través del correo electrónico:

merymeyer@gmail.com

....

OTROS LIBROS DE ESTA EDITORIAL
(Colección 'La Cataluña Mágica')

*Atlas de la Cataluña Mágica
*Guía Maldita de Cataluña
*Segunda Guía Maldita de Cataluña
        *La Cataluña Bruja
        *Montserrat, montaña mágica
        *La Barcelona insólita y heterodoxa

OTROS LIBROS DE ESTA COLECCIÓN
--El baúl de los secretos--
(en preparación)

*Velas de fortuna y poder

*El tarot super fácil

(aprenda a tirar el tarot)

*Runas: el oráculo de las piedras sabias

OTROS LIBROS DE ESTA EDITORIAL
Colección *'Misterios'*

* *Vampiros: sangre, muerte y pasión*

* *Muerte en la Ruta Maya*